中华武术典籍珍藏

民国武术文献选刊

第一辑　第八卷

崔虎刚　收集整理

北京体育大学出版社

责任编辑：吴　珂
责任校对：田　露
版式设计：高文函

图书在版编目（CIP）数据

民国武术文献选刊. 第一辑. 第八卷 / 崔虎刚收集整理. -- 北京 : 北京体育大学出版社，2024.2
（中华武术典籍珍藏）
ISBN 978-7-5644-4023-7

Ⅰ. ①民… Ⅱ. ①崔… Ⅲ. ①武术－文献－汇编－中国－民国 Ⅳ. ①G852

中国国家版本馆CIP数据核字(2023)第256657号

民国武术文献选刊. 第一辑. 第八卷　　崔虎刚 收集整理
MINGUO WUSHU WENXIAN XUANKAN. DI-YI JI. DI-BA JUAN

出版发行：北京体育大学出版社
地　　址：北京市海淀区农大南路 1 号院 2 号楼 2 层办公 B-212
邮　　编：100084
网　　址：http: //cbs.bsu.edu.cn
发 行 部：010-62989320
邮 购 部：北京体育大学出版社读者服务部 010-62989432
印　　刷：北京雅图新世纪印刷科技有限公司
开　　本：710 mm × 1000 mm　1/16
成品尺寸：170 mm × 240 mm
印　　张：10.75
字　　数：112 千字
版　　次：2024 年 2 月第 1 版
印　　次：2024 年 2 月第 1 次印刷
定　　价：72.00 元

筹委会

（排名不计先后）

【河北】

王雪松　董智勇　侯晓山　张春光　智　泳　李向东　王弘武　苏建中　魏朝辉
王英臣　赵　军　段雷朋　王欢迎　孟祥国　刘明华　王文革　董法胜　卢宝库
马新华　孟令斗　李学兵　龙　威　狄松涛　牛树天　孟令聪　张永泽　孟令兴
孟令江　张思雨　高立新　陆明文　赵世君　张守安　王向东　赵永亮　曹彦场
刘　念　许　栋　卢保卫　庄国伟　孙　健　巩国平　孙　振　姜海伟　徐书长
王　宾　王永涛　赵志勇　张剑军　孟祥龙　柴海生　田卫民　王铁英　张继斌
秦晓悦　刘红强　王长军　田振伟　田　伟　闫庆洪　郎立成　张坤伟　李　波
周　弘　郗建勋　刘光芒　王福庆　张星一　董贵轩　高国辉　孟春华　陈志刚
张增海　李常琳　章建春　张　斌　李　冰　王小龙　鲍玉龙　常　军　李会锋
盖国海　张铁柱　钟俊峰　张根云　任增良　宋分成　李保辉　卜元法　刘　雷
封佳良　李立兵　郝桂英　杨志英　赵连江　张　聪　夏令虎　李正国　丁　强
李文龙　王学武　陈宇明　李金龙　张　义　牛志勋

【山西】

李旭东　刘笃义　苗树林　李乃勤　张振杰　陈贵更　姚建东　张　欣　邢晓朝
王连恒　王　兵　马德祥　薛文江　温锦铭　杨　军　郝利华　李俊杰　王守禄
董冬元　张奇林　任晓平　沈炜东　赵京生　刘叔勤　梁光平　郭玉文　李　白
王理生道长　吴志刚　阎子龙　王宏伟　王　建　李德仁　郭润泽　高玉兔
许青行　孙君荣　陈　娟　赵国华　王银辉　胡晓琴　田志丹　韦树杰　温玉恩
胡元亮　马海平　张玉全　阴建文　王日兵　郭　扬　释妙修　高全民　何　军
冉高峰　李正业　王勇义　晨　曦　田正西　马学恩　郭晋博　王建筑　高宝东

王太晨　侯庆林　朱喜何　宋宝贵　宋俊芳　吴会进　王俊香　张楗军　王德俊
胡佳锋　王雨东　李青峰　史德全　吕　卓　梁文章　李宇鹏　于庆海　吕永昌
吕传泳　李景福　乔一铭　王攀峰　石大永　姬俊峰　贾国喜　吴利生　吴利民
杨志忠　胡安辉　曹中义　胡丽娟　武　冬　王　勇　陆向春　高　静　姬　才
殷文军　王苗祥　王仲文　江俊峰　张丕锋　白玉仁　刘铁铸　秦同文

【内蒙古】

刘井春　褚海东　孙根新　宋仿琛　范健宇　武静安　刘永文　郭迎宾　王浩亮
卢爱琴　乾　坤　白景春　张国华　吕瑞亭　刘世君　周彦明

【北京】

胥荣东　康戈武　徐　杰　于昕洋　肖红艳　酒大雷　姜启超　聂志涛　刘　翊
吕鸣捷　赵安平　尚远宇　王　凯　孙汝贤　牛立新　孙国中　党雪田　高晓光
贾永安　邸国勇　乔　宁　辛　强　刘　铄　程庆余　王　桐　赵天阳　左宇彤
韩俊瑛　孙嘉浜　孙文景　白石羽　德　全　欧　阳　万周迎　徐　鹏　刘路遥
李　谷　左　健　付洪波　成金俊　黄志刚　李　戈　彭　龙　陈　轶　高雪峰
王宝山　王中行　王沥斌　贞　达　孙庆丰　薛　岩　李　迎　张　斌　洛　尘
张　磊　金　微　秦保华　杨文学　王庆年　徐　许　刘福龙　孙国柱　刘满常
于　浩　张国儒　刘万成　于　江

【天津】

崔　巍　于经元　胡向阳　刘宝林　张天龙　张金旺　丁伯立　顾海波　赵文龙
王　诜　王福勇　崔媛媛　马延凯　张聚贵　孙国善

【辽宁】

刘洪刚　任　彬　于万凯　孟　涛　黄中元　高　朋　万　勇　梁　丰　孔德林
潘大庆　王秀如　臧福源　李保刚　薛圣东　孙贵东　袁　波　张　悦　韩宝轩
蒋秀山　侯　明　乔　武　刘英伟　张国志　刘计星　李金友　高　宇　马　畅
郑维钧

【吉林】

张　河　邓宇光　李　银　丁　皓　骆立文　王君波　孟　宇　徐厚祥　佟　冰
倪　郝　赵　耀　郭其武　袁洪范　刘　君

【黑龙江】

佟亮辰　张艳阳　陈玺镔　张指辉　王　皓　宋　梁　郭宝成　陈　斌　刘立国
毕文波　杜伟国　黄忠伟　李　冰　吴　俣　曹志峰　马宏伟

【河南】

张雄鹰　种明生　郭航海　王志远　贾自愿　安呈林　朱利军　释延布　杜长坤
刘启飞　石　勇　王农川　郑营俊　常青州　张　艺　马众森　王占敏　巩建松
倪根上　陈近仁　李朝乾　李紫剑　邢红义　李佩革　刁修华　梁靖予　宋尚军
释延巽　李红林　赖庆新　陈万军　郝跟上　张　帆　恒　勇　王子淳　张亚东
孙明亮　魏淑云　赵振选　王会武　耿　军　买西山　买　威　时晓武　买　勇
买仁萍　仵　锋　马德占　王长明　张伟兵　代忠波　张　玮　段建民　孙保才
李小欣　酒同标　酒小郎　苗轩国　孙和龙　孙随成　焦立武　王建设　刘培兴
苗鸿宝　苗步超　张运生　苗田营　苗富强　杨德民　胥兆飞

【湖北】

徐　斌　张建生　李应龙　刘　杰　石　峰　田　浩　夏四鸿　梁靖予　陈玄机
瞿凤华　秦声浩　严　飞　姜学斌　郑桂桐　胡炳林　李德民　薛兴江　胡圣奎
王卫红　焦通章　徐赐兵　黄亚平　戴珂铭　张　显　刘秋龙　马国平　薛劲松
李志武　丁大益　黄胜文　唐俊虎

【湖南】

苏若鸣　陈开喜　王常秀　张常海　邹　骁　刘建湘　黎昌元　向军华　张继桂
蒋谷川　滕召军

【广西】

黄耀丹　夏　敏　唐晓艺　严翰秀　赖铭强　梁杰乔　张容嘉　廖贤阳

【广东】

于鸿坤　蒋荣杰　任官生　蒋子龙　张俊林　蒋化一　李湘山　刘　泉　沈建杰
余锐镔　张勇强　方　金　陈　执　毕荣俊　刘志坚　靳清江　马廉祯　吴广添
邵剑波　梁伟民　颜志图　吴启贤　陈　伟　王　贵　张梦阳　陈福和　廖锦泉
方应中　陆常康　杨亚国　房向南　陈健志　覃海权　徐　宏　梁柏清　赵刚生
江善祯　房　生　黄　熠　李伟光　贾华兵　王会哲　林国生　吴晓辉　吴立群
冼伟昭　梁文楷　黄仕君　曾奕涵　钟立强　陈会祟　杨柳标　王邦菊　张广辉
刘志添　刘春涛　杨春茂　詹亮清　莫华法　罗浩苑

【深圳】

郑喜平　周　华　李翰青　曹革林　苏洪海　梁　丰　贾永唐　徐百军　连　成
蒋定臻　王继勋

【海南】

梁昌泰　张　雷　李　秀　陈东升

【山东】

高鹏熙　李满利　张松仁　谭京杰　王　刚　马　斌　刘　毅　孙胜辉　周云峰
王玉金　尤明达　厉善祥　刁长俊　周庆春　孙丰玺　许　峰　王芝强　王　斌
刘维明　战文腾　宫智辉　倪德飞　孙思蒙　张　斌　郝代远　史　鼎　康汝宙
郭　宁　张长生　赵延俊　张胜利　张克田　周　游　刘　伟　安宝东　刘军农
董玉明　王景钏　贾友民　张树远　李保庆　王继国　王焱鹏　潘　章　高　承
李万温　张卫东　王宏全　王　伟　梁国爱　李海涛　李飞林　刘连洋　王国川
郑中华　张彦营　姚　磊　刘东强　白正刚　吕延波　洪卫国　张延斌　谷志强
孙晞棠　赵国忠　邓　桦　曹广超　周　琦　陈　雷　泰　祯　李安国　郭英新
徐西林　董志忠　张乐华　孙瑞全　张元海　刘龙昌　谭凯文　冯长源　杨　雷
张　涛　李其胜　梁殿品　张祥泽　朱宗启　薛士玉　杜孝伟　朱永强　樊　霄
杨圆义　刘道毅　李若现　王立岩　要学良　刘圭生　郭玉刚　张　鹰　李金顺
彭维利

【江苏】

杨　忠　窦小彦　许　忠　江其林　兰顺林　王存果　刘季月　周晓明　卜照生
张　亮　马　伟　时丕昌　师厚春　徐　帆　林圆龙　梁　雪　王新跃　谢逸繁
李　胜　解建昌　张爱成　沈枫涛　翟爱武　王吉波　张爱春　王海港　胥子连
毕明府　程　明　刘　通　陈军民　虞洪涛　张　滇　陈灏梁　景怀义　韩运疆
宫翠峰

【浙江】

仇富军　吕　亮　倪顺坚　孙　吉　杨秦健　张　斌　金　翰　王良辰　李继红
蔡德强　戴有木　张青松　马俊成　刘　柱　俞永辉　刘立存　李诚勤　张　俊
高宜挺　许科军　俞佐清　顾　坚　王圣华　刘小峰　杨　华　陈碧如　邓显群
顿鹏辉　江　澜　王一静　姚步高　江敏华　王纪杰　蒋　文　陈宇阳　钱周锋
周　明　蒋仲清　陈幼根　周　锋　陈沛宝　赵　青　凌风子　景　然　周美良
潘小江　卢成昌　潘石弟　凌懿文

【福建】

王福民　蔡卫权　倪忠森　王振河　张祖永　蒋秀山　许剑云　陈向荣　孟庆贺
连国汉　林　峰　俞景耀　陈恒演　涂智兴　罗建晖　林和顺　胡文辉　梁　涛
林建栋　吕信明　周　攀　杨　晗　刘有春

【安徽】

胡春泉　曹　军　钱军帅　祝安园　聂红松　江　奎　魏　冰　毛立欢　冯　皓
欧阳兴业　马　林　铁中玉　刘俊杰　王靖华　武爱东　陈晓东　徐永银
吴　笛　陈　军　赵　飙　张宏华　王　磊　吴　昊　胡卫东　吴　伟　谭全胜
刘法志　汪　泉　乔长良　朱红军　杨纯生　卫　存　卢　杰　秦　琥　王学东
聂　刚　曹其根　曹季泉　曹加才　纪良发　曹　凯　董德霖　张　博

【江西】

熊庆云　钟水清　李舒霖　郭木青　王联军　唐毓堃　张功燚　李江明　屈　群
刘　超　应宗强　李洋洋　陈　军　乐　繁　代建国　钟祥明　虞法志　章新尧
林爱兵　林国生　刘炳开　童加清　李曦初　李海斌　王禹平　崔瑞郡　李广华

【上海】

林　杰　谭振勇　朱长跃　樊永平　杨雨辰　金培贤　金俊达　尹　捷　薛怡平
鞠学东　阚水源　凌先生　孙连盛　杨志承　孙经纬　王宝财　谢琦辉　刘　志
何轻舟　吴爱民　宋　旭　游　清　释永照　董家良　董纲成　陆龙祥　陈海光
梅永福

【陕西】

李　钢　张　钢　郭华东　邵　华　杨俊伟　罗　德　董安强　贺元瑞　杜群喜
杨伟峰　王晨生　杨　坚　白永东　孙　武　陈少纯　郭桂荣

【甘肃】

郝心莲　辛富国　金　宏　李宝才　温世杰　马　伟　汪子竣

【宁夏】

杨文舜　梁杰乔　吴　涛

【青海】

马宏伟　朱春明

【新疆】

赖宝珊　任　军　黄尘哲　张新民

【云南】

黎丽辉　曾　瀚　李太宏　鄢　博　赵顺军　张晨光　叶昆生

【贵州】

杨绍平　谢明宇　刘　曦　孙鲁龙　黄　檗　刘庆涛　曾昭弟

【四川】

侯　毅　古海啸　梁军民　金　亚　李　阳　周新杰　罗　斌　王伟骅　陈兴均
曹　卉　兰　唯　唐博文　郭　建　邱湘彭　罗小波　唐　昶　黄趾洲　温昌奇

【重庆】

罗　明　徐泉森　罗先雄　曹晓东　陈治军　张文欣　张宗华　周光华　黄文才
吴洪明　刘天海　袁一晋

【香港】

李健雄　Mehdi　谢永铭

【台湾】

杨正隆

【其他国家】

黄少武　王振身　陈　闯　龙勿用　胡耀武　柳寿晨　容光远　张立彪　甲斐正也
村上正洋　片桐阳　马永光

特别鸣谢

李金明　王彩鲜　李延春　庞明泉　李　翔　智晓园　于　芳　张　梅　周兰英
安　毅　王新瑞　李克宣　崔并花　杜崇开　刘　洽　张　昭　李继光　薛思问
杨春兰　李　懿　邹德发　吴世勋　高友孝　刘瑞荫　黄兴发　王云山及其姐
袁树礼　郭荣珍　耿爱梅　刘丽俊　郝富义　李补鱼　郝锦园　杨桂芳　杨洪喜
刘怀玉　钟雪友　蔡震升　伦怡馨　高　瑛　李龙城　张魁武　柳百成　张德生
李建勇　贺国安　王慧琴　冯银刚　韩太民　韩原民　曹东红　王　浩　韩常林
韩焕茹　尤素娥　赵海凤　胡玉洁　张桂兰　田喜凤　郭宝芳　魏宏斌　袁建斌
郭　宏　马润生　冯骑明　阎文辉　焦清华　王秀丽　郭　刚　韩秀英　卢冬光
张雪刚　尹贵龙　范阿宝　朱建华　巩爱平　胡建彪　何建东　郝宪伟　郝建邦
郭仁实　高澍芃　江敬斌　薄建东　郑　炜　周　宏　吕　毅　徐用生　田春林
李　明　师维勇　韩小华　尹小玲　赵学毅　刘巧莲　任建玲　赵媛凤　义瑞珍
张玉香　张秀玲　魏巧燕　王小源　海晓霞　刘庆林　赵丽华　徐　静　姚书典
殷　岩　王小根　王海英　宁晚林　胡玉亭　乔　栋　田振山　林　纲　赵大春
朱　峻　王民忠　李　刚　顾武安　李　峰　章　青　叶林忠　贾云杰　许树华
杜　箐　刀京梅　孙慧敏　姜淑霞　王占伟　王艳玲　常学刚　梁伟民　王跃平
冉宏伟　王　蓉　苑博洋　胡志华　李博伦　宋杨萍　韩　翔　田海英
恩师朱华先生、师母冀秀珍女士
父亲崔官禄、母亲王玉莲及兄弟姐妹各家人

目录

拳术讲义　下

提要

《拳术讲义》，一册，无封面、扉页、目录等，仅存正文。从内容和边眉可知该书为教材，国民师范校印，但何人编写、成书时间等细节待考。

该书共含拳术讲义、拳术学理、棍术讲义三部分内容。拳术讲义为主，拳术学理为学生听课笔记，棍术讲义的编写形式与拳术讲义相同。《拳术讲义》有五编，第一编《形意拳总论》，第二编《意拳》，第三编《形拳》，第四编《功拳》，第五编《结论》，编层级下还有章、节，全书图文并茂，构思巧妙。拳术学理为张桐宣先生口授，刘元等同学记录的数篇笔记，既讲求学的道理，又讲拳术的道理。棍术讲义讲了形意棍术中的“九州棍”，先讲路线，后讲棍法动作。

总观该书，虽封面等缺失，但正文保存良好，且内容编排有序，与版式的配合巧妙，对研究民国时期的学校武术教育、教材编写等很有价值。

第四十一節　風擺荷葉

將兩手從前方向下落順左邊如畫一圓形由目前向前雙手推出兩掌皆豎與肩齊右手極力伸出左手在右肩處右足隨兩手往回進步兩腿成剪子股式兩目隨兩手注視兩肩抽勁此之謂風擺荷葉

第四十二節　崩拳

由前勢將左拳從右肩向左前伸出右手亦隨之収回在右脇左足與左手同時伸出如崩拳步法惟後足不跟

第四十三節　順步崩拳

第四十四節　鷂子翻身

以上二勢其動作與要領均與前同

第三章　形意全體大用（安身砲）

形意全體大用者二人相對之拳也以體言之其大無外其小無內以用言之可以不見而章不動而變無為而成在拳為大德小德大德者內外合一之勁其出無窮小德者如拳中之變化生生不已也學者倘於此揣摩庶及體用兼備而盡形意之能事矣

第一節

甲乙二人對拳（甲上）（乙下）

甲開勢用三體勢　乙開勢亦用三體勢

甲先以左手排出乙之左手再出右手進步打崩拳

乙速撤右足提左足左腿緊靠右腿同時以左手推開甲之右手復進步還打崩拳

第一節一圖

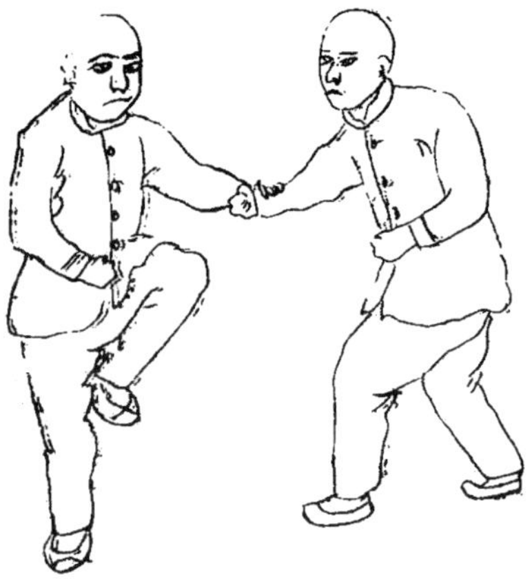

第一節二圖

第二節

甲即將右手向後拉破乙之右手同時左手向乙之面劈去兩足不動乙即以右手架起同時左手向甲之心口打去成順步砲拳式

甲左足先墊一步右足進至乙之左足外邊同時左手曲回摟乙之左手右手向乙面劈去 如劈拳

第二節一圖

第二節二圖

第三節

乙亦以左足墊步速進右足同時左手抽回架出甲之右拳而以右手劈甲之左面

甲即將右手向裏裹勁手心向上左手腕向外扭勁離面一二寸手心向下兩手齊向乙之右臂截去同時右足向前進步

第三節一圖

第三節二圖

第四節

乙即將左手向甲之面劈去右手拉回在心口右邊

甲即換右雙截手與左邊相同隨後用右手從自己左手下邊出去向乙之心口打去兩足仍不動

第四節一圖

第四節二圖

第五節

乙將左足向後撤右足提起先將右手托甲右手向後引進

落空隨後再將左手從甲之手腕底下伸去向後拉且撥即速將右手向甲心口打去右足亦同時落地拉撥打三者合成一氣不可間斷

第五節一圖

第五節二圖

甲即向下坐腰右手在乙之右手上邊往回切如切物然左手向自己右手前頭亦如右手切之隨後即將右手向乙面

抓去連扨代抓務須合成一氣爲要

第五節三圖

第六節

乙即屈回右手向甲之右手鑽去左手拉至心口處身式要低

甲速用左臂將乙右臂挑起右手抽回再向乙心口打去左足右手須同時動作與砲拳式同

第六節一圖

第六節二圖

第七節

乙即換退步劈拳用左手將甲之右手扣住右手抽回在心口處手心向下

甲即用左手將乙之左手摟開右手向乙之左面用手背打去同將右足進步

第七節一圖

第七節二圖

第八節

乙即退右足前足隨着退謂之後代後左手捥回即速鑽出手足要同時動作

甲即速進右足跟左足將左手拍出乙之左手右手從乙臂下邊乙左面謂之偷打

第八節一圖

第八節二圖

第九節

乙即進右足向甲之兩腿當中落下先以右手拍出甲之右

手左手向自己之手前頭伸向外撥甲之右臂右手反打甲之右面同特右足前進

第九節一圖

第九節二圖

甲即將右手屈回向乙右臂外邊鑽出右足速往後撤右手再向回拉乙右臂左手劈乙右面同時左足前進

第十節

乙先撤左足用右手將甲左手掛回同時右足提起左手摟甲臂右手往甲頭上抓去

甲卻將左臂屈回向乙右手裏邊鑽去隨後右臂如蛇形向乙襠內搽去同時右足進步

第十節一圖

第十節二圖

乙為十一節一圖

第十一節

乙即往後撤右足再用右手將甲右手順着攄下左手速向

甲之脖項伸去與右手同時向後按着勁拉
甲即將右手屈回往外掛乙左手再以左手向乙右頰劈去
兩足不動

第十一節二圖

第十二節

乙即將左臂抽回在脇右手即速向甲左手裏邊鑽去兩足不動

甲即抽回左手在脇右手向乙左頰劈去兩足不動

第十二節一圖

第十二節二圖

第十三節

乙即将右手拍去甲之右手随後左手向甲右脇打去身体

換綫爲式

甲卽其腿向前仍不動隨即兩手用猴子扨繩式一二三用右手撤去

第十三節一圖

第十三節二圖

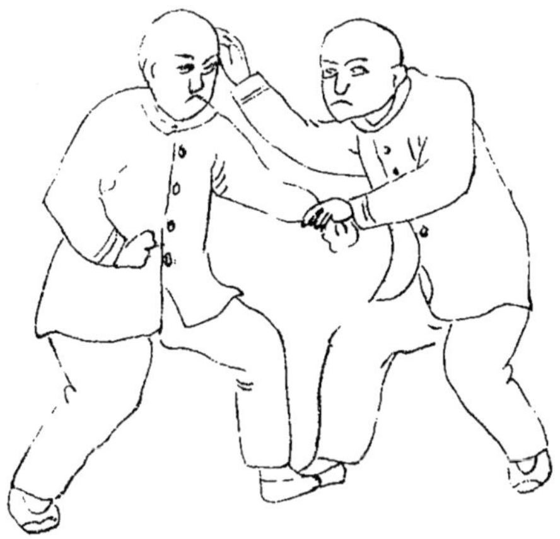

第十四節

乙即退左足右手速用鑽掌向甲右手外邊鑽去左手在左脇

甲即用左手向乙右手裏往外撥出用臂挾住再速用右手向乙左邊脖項切去左腿與手同時進步落至乙右腿外邊將住他

第十四節一圖
同六節一圖

第十四節二圖

第十五節

乙即用雙截拳將甲右手截開兩足不動

甲即將右手抽回隨後用左手劈乙右頰兩足仍不動

第十五節一圖

第十五節二圖

甲為十五節二圖

乙為十六節一圖

第十六節

乙仍用雙截手隨後再用右手偷打甲之左脇

甲即向後坐身兩足不動左手将乙右臂順往後擄謂之順手牵羊式

第十六節二圖

第十七節

甲先不起身即用右足向乙右腿踢去右手向乙右臂扨去如扨繩然惟右足未及落地即提起左足與右手同時起落如狸貓上樹式

乙即先提右腿往後退步右手即屈回再向甲右手外邊鑽去右手在心口處

第十七節一圖

第十七節二圖

第十八節

甲即用左手挑起乙之右臂右手抽回再向乙左頰劈去兩足仍不動

乙速抽回右手在右脇處左手向甲右肩抓去謂之鷂子抓肩式

第十八節一圖

第十九節

甲先用右手向乙左手腕往外摟左手緊跟乙左手腕上邊往外推右手隨後向乙左頰劈去亦是一二三一氣兩足不動乙即將左臂屈回再向甲右手裏邊鑽去隨後往回掛右手向甲左頰劈去兩足仍不動

第十九節一圖

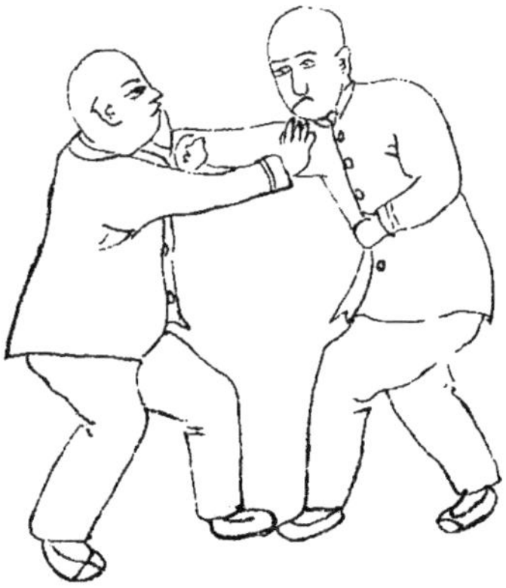

乙爲二圖

第二十節

甲即用雙斬手截去乙之右手兩足不動

乙將右手抽回再用左手向甲左頰劈去兩足仍不動

第二十節一圖

第二十一節

甲再用雙斬手截去乙之左手

甲復用右手偷打仍與前雙斬手偷打同此右手打出如起点打崩拳式

第二十一節圖一

第二十一節二圖

第二十二節

乙再退右足提左足用左手將甲右手向外推右手即速用崩拳向甲之腹打去此與甲起点還打之頭一手同再往田

打仍是乙爲甲己来之式甲爲乙已来之式循環往来不窮

若欲休息仍還起點處停住自便休息

第二十二節一圖

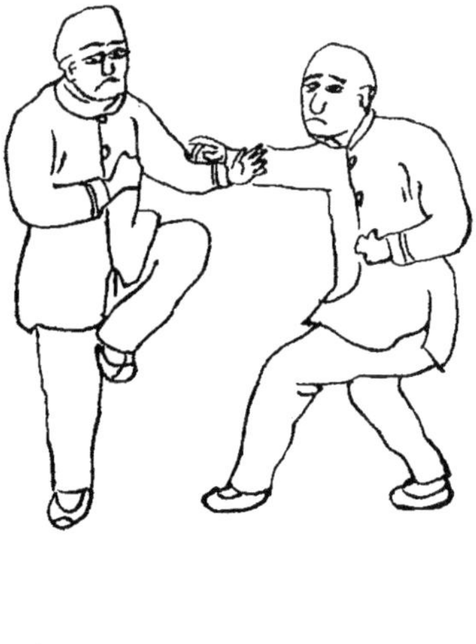

原本此页无内容

第四編　功拳

形意以五行十二形為體其餘為用功拳者形意致用之學也學問之道必體用兼備方為上乘惟拳術亦然學者慎勿視此編為河漢也

第一章　八字功

八字功之名稱亦猶五拳之劈鑽崩砲橫八手之纏丁抵槁廣立滾鑽因其形式精神而定為符號也曰展曰截曰裹曰跨曰挑曰頂曰雲曰領其各字意義於各節中詳之

八字功有總合練習法有分別練習法分別法每字為一段名曰某字功一左一右一左一右互換為之至無可進而回身回身後仍然一左一右至開勢處而止勢數之多寡不拘總合法有单勢總合法名曰八字单合功有雙勢總合法名曰八字雙合功均

附於後

八字功出勢用鷄形起勢回身轉身均用虎托收勢用退步橫拳回身云者至彼端而回身也轉身云者至開勢處而身轉也兩者相同而地異耳

第一節　展字功

展者寬展之義即拓張手足也左右各三勢後二勢皆連續用者故及之路綫如左

1、2、鷄形　3、4、虎托　5、6、展勢　7、8、鑽拳

9、10、崩拳　11、12、展勢　13、14、鑽拳　15、16、崩拳

一、展勢

左骰稍進右拳掩至左肩右骰稍撤提身轉面西左拳起至頭上腕曲拳陽右拳隨右骰落進骰支腳横拳扣翻左骰絀眼右視

展勢圖

二、鑽拳

右轉身右脚順進趾右拳陽出齊眉左拳陽置臍左腰稍跟交

鑽拳圖

三、崩拳

右骽進左拳自肘下打出左骽随進右骽跟右拳陽置肋

崩拳圖

第二節　截字功

截裁也以裁退敵手也此節最見身法掩肘宜遠後勾要直滚手要速路線如左

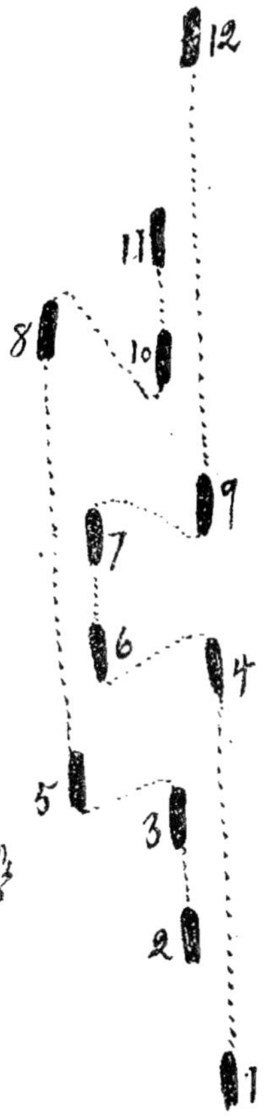

1、2、鷄形　3、4、虎托　5、6、截势

7、8、滚手　9、10、截势　11、12、滚手

一、截势

左骸斜進右肘掩小指外扣右骸進左手平置身後作勾势低

截势圖

二、滚手

右骽進右手外翻裏扣左骽隨進左掌自右肘下打出左掌落前右掌置腕後

滚手圖

第三節　裹字功

裹圍裹也裹敵手使失其效用也身旋力柔有以柔克剛之妙路線如左

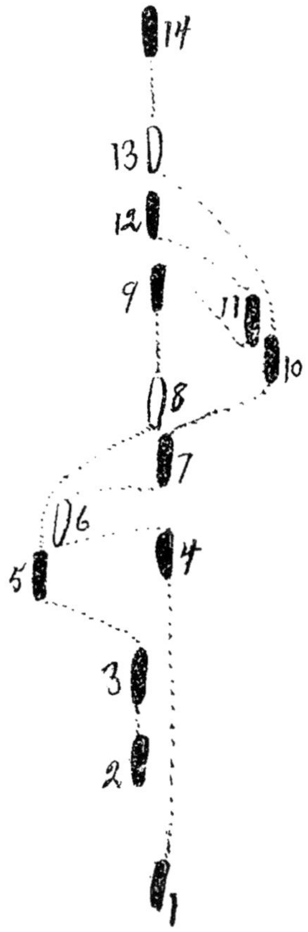

1、2、鷄形　3、4、虎托　5、6、7、8、裹勢　9、推掌

10、11、12、13、裹勢　14、推掌

一、裹势

左骽斜進右掌陽插左肩下兩肱力束右骽轉進兩掌隨身轉至身右如抱物狀左骽跟提起

裹势面

二推掌

左骽落進絀兩手翻掌外推兩肱圓左右指尖相對左骽支

推掌圖

第四節 跨字功

跨字係騎馬之跨言其形也實則托跨之勢路線如左

1、2、雞形

3、4、虎托

5、6、7、跨勢

8、9、鑽右掌

10、鑽左掌

11、12、13、跨勢

14、15、鑽左掌

16、鑽右掌

一、合肩

左胯斜進面東右掌陽插左肩下兩肱力束右股撤並左股脚提

合肩圖

二、跨勢

右骽進腳横身右轉左骽進右掌上起至額左掌外捐敵脇

兩骽方形曰跨馬勢

跨勢圖

三、鑽右掌

左骽進左掌平扣右骽進右掌鑽出左骽進並右骽脚提左掌置肘下

鑽右掌圖

四鑽左掌

左腳進左掌鑽出右掌置肘前掌凹腰鷄形

鑽左掌圖

第五節 挑字劲

挑之力在肩與骰右手挑右脚猛開左骰力撐兩肩亦得用力馬與蛇形相類兩手稍高路線如左

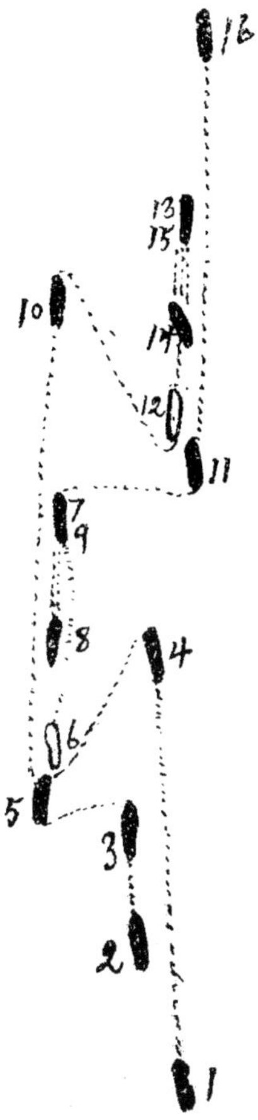

1、2、鷄形　3、4、虎托　5、6、合肩　7、挑勢　8、撤掌

9、挑掌　10、鷹捉　11、12、合肩　13、挑勢　14、撤掌

15、挑掌　16、鷹捉

一、合肩

左股斜進右掌陽插左脇左掌置肩上兩肱力束右股撤並右股脚提蹲身而束

合肩áž

二、挑勢

兩手兩足猛開右掌齊頭左掌陰置肋右骽絀左骽支

三、撤掌

左掌置腕下右掌與右骸同撤掌撤至臍骸撤半步蹲身

撤掌圖

四、挑掌

右骹進右掌挑左掌撤陰置臍前

挑掌圖

五、鷹捉

右掌不動右骽稍進左掌自右肩上順進左骽隨進兩掌下扣作捉物狀

鷹捉圖

第六節　頂字功

頂字力在頭故此勢以挺頸垂肩為要訣掩手崩拳所以換勢者故並及之路線如左

1、2、鷄形　3、4、虎托　5、6、頂勢　7、8、平推　9、掩手

10、崩拳　11、12、頂勢　13、14、平推　15、掩手　16、崩拳

一、頂勢

左掌陽插右肘下兩掌裹扣變陰拳下落十字插掌時右殴進裹扣時左脚提下落時左脚落進頭上頂肩下垂

頂勢圖

二、平推

左骽進兩拳分掌前推右骽進轉手腕相對

平推圖

三、掩手

兩掌變拳身撤右胯隨左拳撤置胸右肘左掩小指外翻

掩手圖

四崩拳

左踐進左拳自肘下打出右踐跟右拳陽置肋

崩拳圖

第七節 雲字功

說文雲从雨云象雲回轉形今所用者即借其回轉之說也其兩掌與左右捋皆如行雲之飄焉路線如左

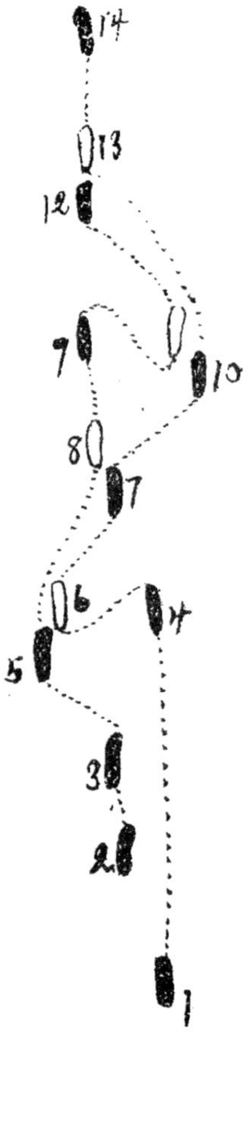

1、2、鷄形 3、4、虎托 5、6、雲勢 7、8、右捋 9、左捋

10、11、雲勢 12、13、左捋 14右捋

一、雲勢

右手陽插左肩窩右骽斜進左 骽進並右骽脚提左掌自頂繞轉

雲勢圖

二、右將

左掌繞至右耳上右掌隨之兩掌同時變拳右將左拳前陽右拳後陰左脚仍不落地隨身稍轉

右將圖

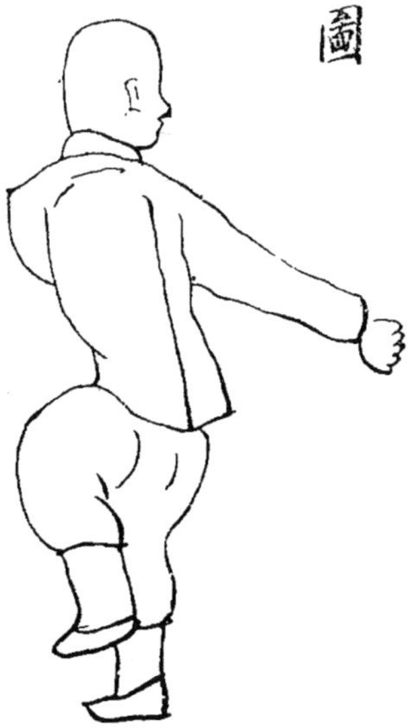

三、左捋

兩掌由右繞至身前左脚落進左將右拳前陽左拳後陰

左捋圖

第八節 領字功

領受逆順勢而領取逆首勢已盡其意矣虎托與三掌皆以顧身後者路線如左

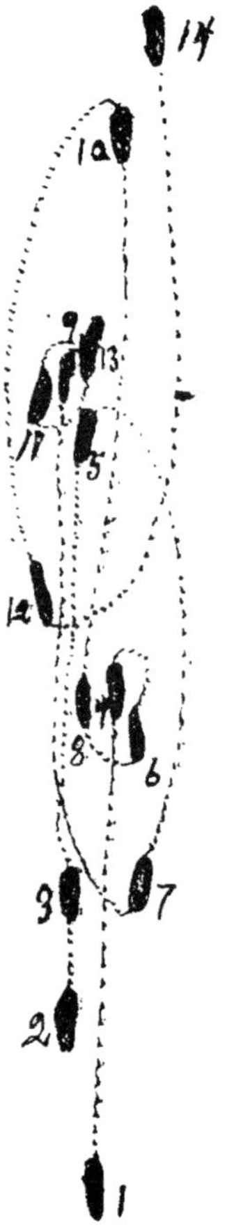

1、2、鷄形 3、4、虎托 5、領勢 6、7、轉身虎托

8、9、轉身三掌退掌 10 領勢 11 12 轉身虎托

13、14、轉身三掌退掌

一、領勢

右手鑽出左腕兩手變拳左骽進手後捋右拳前陽左拳後陰

領勢圖

二、轉身虎托

身右轉右脚順右掌自腰間翻扣左骸進继左掌自右腕下打出左骸支

轉身虎托圖

三、轉身三掌

身右轉右脚順右掌仰扣左骰進絀左掌覆扣右掌蓋頭右骰支

轉身三掌圖

四、退掌

兩脚不動左掌打出右掌撤置肋身蹲左骸稍絀

退掌圖

原本此页无内容

第五編　結論

第一章　岳武穆九要論

器上而通乎道技精而入乎神惟得天下之至正秉天下之真精者乃能窮神而入妙察微而闡幽形意之用器也技也形意之體道也神也器技常人可習而至道神大聖獨得而明岳武穆精忠報國至正至剛其浩然之氣誠霈然充塞於天地之間故形意之精非武穆不能道其詳然全譜散佚不可得而見而豪芒流落祇此九要論而已。吾儕服膺形意得以稍涉藩園獨賴此耳此論都九篇理要而意精詞詳而論辯學者有志朝夕漸摹而一芥之納可以參天濫觴之流泛為江海九論雖約未始不可通微合莫造室升堂也

第一節　一要論

散之必有其統分之必有其合故天壤間象類羣儔紛紛者各有所屬千彙萬品擾擾者自有其原蓋一本可散萬殊而萬殊咸歸一本乃事有必然者且武事之論亦甚繁矣要之詭變奇化無往非勢即無往非氣勢雖不類而氣歸於一夫所謂一者從首至足內之有五臟筋骨外之肌肉皮膚五官百骸連屬膠聚而一貫者也擊之不離牽之不散上思動而下為隨下思動而上為領上下動而中節攻中節動而上下和內外相連前後相需所謂一貫乃斯之謂而要非強致襲為也適時為靜寂然湛然居其所而穩如山岳直時為動如雷如崩出也忽爾疾如閃電且宜無不靜表裏上下全無參差牽掛之累宜無不動左右前後概無遁倍猶豫之部詢若水之就下沛然莫禦砲之內發疾不掩耳無勞審度無煩酌

辨不期然而然莫之致而致是豈無故而云然廼氣以日積而見益功以久練而方成揆聖門一貫之傳必俟多聞強識之後豁然之境不廢鑽仰前後之功故事無難易功惟自盡不可躐等不可急遽歷階以升循序而進而後官骸肢節自能通貫上下表裏不難聯結庶乎散者統之分者合之四體百骸終歸一氣而已

第二節　二要論

論捶而必兼論氣夫氣主於一實分為二所謂二者即呼吸也呼吸即陰陽也陰陽即清濁也捶不能無動靜氣不能無呼吸吸則陰呼則陽靜者陰動者陽上升為陽下降為陰蓋陽氣上升而為陽陽氣下降而為陰陰氣下行而為陰陰氣上行而為陽此陰陽之分也何謂清濁升而上者為清降而下

者為濁清氣上升濁氣下降清者為陽濁者為陰要之陽以滋陰陰以滋陽統言為氣分言為陰陽氣不能無陰陽即人不能無動靜鼻不能無呼吸口不能無出入迺對待循環者然則氣分為二實在於一學貴神通慎勿膠執

第三節　三要論

夫氣本諸身而身之節無定處三節者上中下也身則頭為上節身為中節腿為下節頭則天庭為上節鼻為中節海底為下節中節則胸為上節腹為中節丹田為下節下節則足為梢節膝為中節胯為根節肱則手為梢節肘為中節肩為根節手則指為梢節掌為中節掌根為根節足例是故自頂至足莫不各有三節也要之若無三節之所即無着意之處蓋上節不明無依無宗中節不明渾身是空下節不明動輒

跌傾顧可忽乎哉故氣有所發則梢節動中節隨根節催然此廼按節分言者若合而言之則上自頭頂下至足底四體百骸總為一節夫何三節之有又何各有三節之足云

第四節　四要論

試于論身論氣之外而進論夫梢者焉夫梢者身之餘緒也言身者初不及此言氣者亦属罕論捶以內而外發氣由身而達梢故氣之用不本諸身則虛而不實不形諸梢則實而仍虛梢亦烏可不講然此特身之梢耳而猶未及乎氣之梢也四梢為何髮其一也夫髮之所係不列於五行無關乎四體似不足立論然髮為血之梢血為氣之海縱不必本論諸髮以論氣要不能離乎血而生氣不離乎血即不得不兼及乎髮髮欲衝冠血梢定矣抑舌為肉梢而肉為氣之囊氣不

能形諸肉之梢即無以充其氣之量故必舌欲催齒而後肉梢足矣至於骨梢者齒也筋梢者指甲也氣生於骨而聯於筋不及乎齒即未及乎筋之梢而欲足乎爾者要非齒欲斷筋甲欲透骨不能也果能如此則四梢足矣四梢足而氣自足矣豈復有虛而不實實而仍虛者乎

第五節　五要論

拳者即捶以言勢即勢以言氣人得五臟以成形即由五臟而生氣五臟者心肝脾肺腎乃性之源氣之本也心為火而象炎上肝為木而形曲直脾為土而勢通敦厚肺為金而有從革之能腎為水而有潤下之功此乃五臟之義而有準之於氣者皆各有所配合焉通論武事所不可離者其在內也胸位肺通五臟之華故肺動而諸臟不能靜兩乳之中位心

而護以肺盖心居肺之下胃之上心為君火心動而相火無
不奉合焉兩腦之間左為肝右為脾背脊骨十四節皆為腎
位分五臟而總係於脊脊通身骨髓而腰為兩腎之本位故
腎為先天第一尤為諸臟之原故腎水足而金木水火土咸
有生機然五臟之存於内者雖各有定位而機能又各具於
週身領頂腦骨背皆腎也兩耳亦為腎兩唇兩腮皆脾也兩
髮則為肺天庭為六陽之首而華五臟之精華實頭面之主
腦不啻為一身之座督矣印堂者陽明胃氣之衝天庭性起
機由此達生發之氣由腎而達於六陽實為天庭之樞機也
兩目皆為肝細繹之上包為脾下包為胃大角為心經小角
為小腸白則為肺黑則為肝瞳則為腎實為五臟精華所聚
而不得專謂之肝也鼻孔為肺兩顴為腎耳門之前為胆經

耳後之高骨亦腎也鼻為中央之土萬物資生之源實為中
氣之至也人中乃血氣之會上冲印堂達於天庭而為至要
之所兩唇之下為承漿承漿之下為地閣上與天庭相應亦
腎位也領頂頸頂者五臟之導達氣血之總會前為食氣出
入之道後為腎氣升降之途肝氣由之而左旋脾氣由之而
右旋其條更重而為周身之要領兩乳為肝肩窩為肺兩肘
為腎四肢為脾兩肩膊皆為脾而十指則為心肝脾肺腎膝
與脛皆腎也兩腳根為腎之要湧泉為腎穴大約身之各部
突者為心陷者為肺骨之露處皆為腎筋之連處皆為肝肉
之厚處皆為脾象其意則心如猛虎肝為箭脾氣暴發似雷
電肺經禽張性空靈腎具伸縮動如風其用為經制經為意
臨敵應變不識不知手足所至若有神會洵非筆墨所能預

述者也至於生克治化雖有他編而究其要領自有統會五行百體總為一元四體三心合為一氣奚必斷斷於一經一絡節節而為之哉

第六節　六要論

心與意合意與氣合氣與力合內三合也手與足合肘與膝合肩與胯合外三合也此為六合左手與右足相合左肘與右膝相合左肩與右胯相合右之與左亦然以及頭與手合手與身合身與步合孰非外合心與眼合肝與觔合脾與肉合肺與身合腎與骨合孰非內合豈但六合而已耶然此特分而言之也總之一動而無不動一合而無不合五行百骸悉在其中矣

第七節　七要論

頭為六陽之首而為周身之主五官百骸莫不惟首是瞻故身動頭才可不進也手為先行根基在膊膊不進則手卻而不前矣故膊貴於進也氣聚中腕機關在腰腰不進則氣餒而不實矣故腰亦貴於進也意貫周身運動在步步不進而意則瞠然無能為矣故步尤貴於進也以及上左必須進右上右必須進左其為七進孰非為易於着力者哉要之未及其進合周身而毫無關動之意一言其進統全体而俱無抽扯游移之形

第八節　八要論

身法為何縱橫高低進退反側而已縱則放其勢一往而不返橫則裹其力開拓而莫阻高則揚其身而有增長之意低則抑其身而有撲捉之形當進則進殫其身而勇往真冲當

退則退領其氣而回轉伏斂至於反身顧後後即前也側顧左右左右豈敵當哉而要非拘拘焉為之也察乎敵之強弱運用吾之機關有忽縱而忽橫因勢而變遷不可一概而推有忽高而忽低高低隨時以轉移不可执格而論時而宜進故不可退而餒其氣時而宜退即當以退而鼓其進是進固進也即退而亦實賴以進若反身顧後而後亦不覺其為後側顧左右而左右亦不覺其為左右矣總之機關在眼變通在心而握其要者則本諸身身而進則四体不令而行矣身而却則百骸莫不冥然而退矣身法顧可置而不論哉

第九節　九要論

身之動也以步步乃一身之根基而運動之樞紐也以故應戰對敵本諸身所以為身底柱者莫非步隨機應變在於手

神乎妙矣

而所以為手之轉移者亦在步進退反側非步何以作鼓盪之機抑揚伸縮非步無以操變化之妙所謂機關者在眼變化者在心而所以轉彎抹角千變萬化而不至於窘廹者何莫非步為之司命耶而要非勉强以致之也動作出於無心鼓舞出於不覺身欲動而步為之周旋手將動而步亦為之催逼不期然而然莫之驅而驅所謂上欲動而下自隨也且步分前後有定位者步也然而無定位者亦為步如前步之進後步之隨前後自有定位若以前步作後後步作前更以前步作後之前步後步作前之後步則前後亦自然無定位矣總之拳乃論勢而握要者為步活與不活固在於步靈與不靈亦在於步步之為用大矣哉

第二章　練習

武術以實驗為主蓋其奧妙必切實練習方能有成而其理論亦不過如航行之指南耳世間致用之學在熟練不在精巧在實行不在冥想即聖門精一之傳猶貴一心守約況形意為運動之一道絕非理想之所能得故練習尚焉然練習亦必有道茲分節詳論於左

第一節　練習之注意

練習之注意約分三期一曰練習前之注意二練習中之注意三曰練習後之注意練習之前勿饑勿飽勿構思勿忿怒蓋饑則無力飽則傷胃構思則腦易昏忿怒則氣暴而易亂也練習之中勿談笑勿唾涎勿出虛恭蓋談笑則神散而不凝唾涎則喉乾而炎升出虛恭則氣洩而力散矣練習之後勿飲食勿排洩勿臥蓋飲食而易滯排洩則氣潰臥則氣抑

而不疏矣凡此三者當熟記而不可忽也

第二節　練習之法則

練習約有二法一曰兩段之練習也拳之每組分為二段第一段宜柔和徐緩所以疏展筋骨誘導氣力也第二段宜剛猛迅速所以發揚內勁適於應用也二曰三段之練習也前段宜柔緩中段宜剛猛後段宜平和如行文然首段提綱挾領包羅全局筆勢緩而柔寬而博中間獨伸己見議論縱橫如長江大河一瀉千里後段結束上文和平委宛此文家之妙而武術之練習亦何獨不然以上二法精粗各自不同前者粗適於初學後者精適於久練然無論何法必以動作迅速而間隔判然為宜

第三節　專練

習拳術者對己者十八對人者十二故曰壯身者其常勝敵者其暫也專言壯身無論何拳均可習練至於勝敵則形意專擅其長且勝敵之道貴精不貴多勝一人用此勢勝人人亦可用此勢務博而荒求繁而亂身体無切磋之磨練應敵無純熟之技藝此兩失也人情之所樂觀而致意者在濃不在澹在博不在約在急不在緩孤幹無枝之喬松固不若鮮花翠柳之快意迨經酷霜冒嚴雪孰為後凋可斷言矣形意多單勢平時練習之正則也

第四節　久練

深無止境廣無涯涘者惟拳術為然得其淺者一人敵得其最深者何嘗不可萬人敵也習拳固宜虛心而淺嘗輒止忽作忽輟亦不可望其深造且形意拳尤不易為數月已自可

觀十年亦非絶藝淺者視之容有後不如前久不如暫者蓋熟化之至内力充外力縮也非多歷年所熟復而無間斷未足以臻此極境臻極境者一由於虚心一由於恒性也論者恒謂拳術多私每有請而不告告而不盡者夫豈其然其心易滿者或輕試而招禍或好爭而欺人自亡之媒也其性無常者一知半解自視已足朝興暮止自謂已成至於試之無效不曰我師欺我則曰所習已誤不惟傳授失人而拳術亦為一世所輕矣豈私也哉

拳術講義終

拳術學理

張桐軒先生口授

二年級二十七班生劉　元筆記

今天是我教授拳術第四期第一日未研究拳術以前，先與大家説幾句話，是什麽呢？就是「認識」二字。此二字我常肯説，你們也許有聽過的，今日再説一説他的功用和價值。這兩字是做事業求學問的根基，為什麽呢？譬如我們要往北京去，没有認準去北京的路兒，一直往南走，不是越走越遠了嗎？那如何能達到目的。以這一例看，我們若作一件事，不問清楚，就敢糊塗去辦嗎？所以這識二字，非常重要，遇一件事，準要認識的他的的確確才做去，不要「盲從附會」，趁著一時高興，致遺永久的後悔，瞎人乘瞎馬，實在危险的很啦！那麽我們研究拳術，當然也要認識他的内容，實質，功用才可。

但是拳術一道，我國種類很多，以山西一省說，不下數百種範圍既是如此廣大，將從何處說起呢？說到這裏，不得不用論理學的歸納法了。依歸納法拳術只分「內家」「外家」兩種。就我所知道的「形意」是內家一種，與「太極」「八卦」是同源的。

內家重先天，外家重後天，所以內家以返先天為主；外家以練後天為主；先天是指人未生以前；後天是指人既生以後，故返先天的，對於他的身体姿勢，與呼吸，純效胎兒的樣子，脊骨是直的，頸挺，肩垂扣，小腹向前上昂起，如抱嬰孩，他的形像，是個團結的，脊背的中線凸起，胸部凹下，所以他的任脈，與督脈；是能接連，循還呼吸可以直接丹田。

練後天的，對於他的身体姿勢，與呼吸，純按著成人的樣子，變本加厲，脊骨是曲的，肩向後張，臀向後上昂起，小腹向後提，他的形像，是疏散的，脊背的中線凹下，胸部凸起所以他的任脈，因胸前凸，小腹後提的原故，就打斷了，不能下通丹田，督脈因臀向後昂起，也就打斷了，不能通過來與丹田相接，呼吸全仗着肺部，看下邊幾個圖，就曉的了。

任督圖

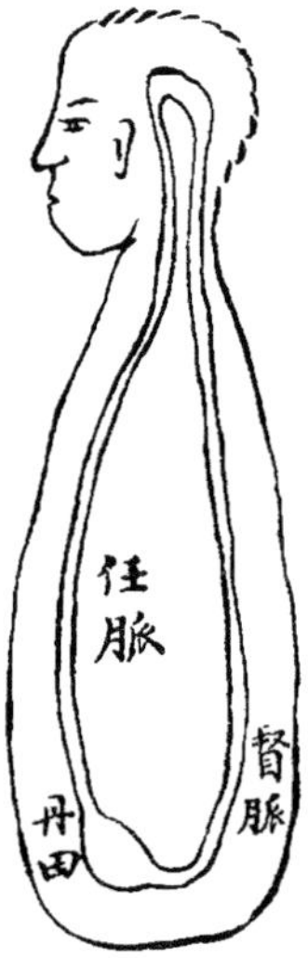

後天圖

先天圖

人當先天的時候，用丹田呼吸，到下生以後，身体一伸，胸凸臀昂，呼吸就與氣海隔断了，你們不信，作兩個勢子，就試驗出來了，兩肩垂扣，臀部前扣，小腹向前上昂起，再考察你的呼吸，必覺氣到丹田，毫不費力，若是照平常體操的樣子，肩向後張，臀向後昂，胸凸腹提，再考察你的呼吸，氣絕到不了胸部下邊，就是竭力向下吸，也不濟事，你們本著以上法子，考查各家的拳術，無論有幾千百萬種，一看他的姿勢，就可以判定「內家」「外家」毫無疑義的。

看上頭知「內家」與「外家」根本不同，功用上當然也就是不一樣的，內家運用的時候，是心與意合，意與氣合，氣與力合，內外一致，肩催肘，肘催手；胯催膝，膝催足；如有源之水，長流不斷，他的勁是推進的，結果是內充外裕的。

外家運用的時候，是講手，眼，身法，步，的靈活，講五合三催。是手與眼合；眼與心合；肩與腰合；身與步合；上與下合；手催，身催，步催；其要不外筋骨的伸縮，手足的變化，其勁如箭離弦，打在人身，如青蜓点水，是弹力不是推力，結果容易成了外強中乾。

武術無論內家外家，都有存在的價值，但是二者比較起來，當然有高下的區別，我們求學問的人，千萬不可學鄉愿可々否々，無所隱蔽，若是按實際的價值比較，外家決赶不上內家，我們研究的是形意拳術，形意的初祖是項々大名的岳武穆，這種拳術屬於內家，前已說過，究竟這種拳術的內容，功用，是是怎樣呢？我現在先選那最要緊的幾條說一說，第一是，

還精於週身

人當童子的時候，皮膚光澤，臉面紅潤，若一到二十歲左右，臉上就枯焦、黑暗，這是什麼緣故呢？說到這裏，我要引証一段黃帝內經了：

內經上說：「女子七歲腎氣盛，齒更，髮長，二七而天癸至，任脈通，太衝脈盛，月事以時下，故有子，三七腎氣平均，故真牙生，而長極，四七筋骨堅，髮長極，身体盛壯，五七陽明脈衰，面始焦，髮始墮，六七三陽脈衰於上，面皆焦，髮始白，七七任脈虛，太衝脈衰少，天癸竭，地道不通，故形壞而無子也，丈夫八歲腎氣實，髮長齒更，二八腎氣盛，天癸至，精氣溢瀉，陰陽和，故能有子，三八腎氣平均，筋骨勁强，故真牙生而長極，四八筋骨隆盛，肌肉滿壯，五八腎氣衰，髮墮，齒槁，六八陽氣衰竭於上，面焦，髮鬢頒白，七八肝氣衰，筋不能動，天癸竭，精少，腎臟衰，形體疲極，八八則齒髮去，腎者主水，受五臟六腑之精而藏之，故五臟盛乃能寫，今五臟皆衰，筋骨解墮，天癸盡矣，故髮鬢白，身体重，行步不正，而無子耳」。

這一段話怎麼解？原來男子屬陽，「老陽之數極於九，少陽之數次於七」，女子屬陰，「老陰之數極於十，少陰之數次於八」，陰陽雖是相反，但是二者實相需，不能偏廢，孤陰不生，孤陽不長，如：日照萬物能生活，是陽了，但沒有風雨的調濟，也不能生，這風雨就是陰，如女子是陰，但是他身上沒有熱度，自身就不能生活，若無男子與他構精，決不能生長子女，這男子與熱度皆是陽，可見陰陽互相為用，決不能單獨成立，人自生下以至五六歲的時候，男女的精神上沒有區別，只有形骸上的區別，在這時候的男女，不能以陰陽代表他，只可說是混合的，迨至七八歲的時候，男成陽，女成陰，互相為用，不能单獨成立，前已説過，所以無形中男女的數就換轉了，少陽之數本該七，然而變做八，少陰之數本該八，却变七，男二八而精成，女二七而月水至，男三八女三七同腎氣平均，真牙生這個時候，才可以男女交合，才能造出強健子女，四七，四八，五七，五八……。男女漸漸衰老，天癸也不多來了，所生子女也不大强壯了，到女七七（四十九）的時候，天癸也不能到了，男八八（六十四）的時候精氣竭，沒有精了，所以十二三歲以前男女，皮膚光澤肌肉豐滿，十四，十六春情發動，（未發以前，精華是在五臟六腑週身藏着，發動以後，五臟六腑精華都往腎內走，所以臉呈枯焦色，在十七八二十左右非常危險，不僅人格喪失，就是性命還恐保不住呢！

這時慾火燒身，不可遏止，雖千譬萬喻的給他講道理，也是不能取消他這情　他明知道是戕德戕生事，不能自己，他明知道是火坑也要跳下去，這全是他心內的主張，勝不過情慾的原故。為什麼他的情慾這樣大呢？因他腎內包藏着許多危險物（就是精）若想着挽救非存根本上下手不可，內家拳術却有不絕妙的法子，就是「釜底抽薪」他的意思，以為欲去戕賊身体之害，須能使心做主，欲使心做主，須去情慾，欲去情慾，必須減去腎裏藏着的精，這就是還精於週身的意思，這種功夫叫作「還童」又叫做「築基」，就是減少情慾返回先天的意思，

在這兒還有一種深道理給你們說：人是由「原質」「原塵」二種構成的，原質就是「肉体」，原塵就是「魂魄」，魄就是力，魂主知覺，魄主運動，人的思想動作，就是魂魄的功用，常人死後，魂魄分離，

就是鬼有道行的人，死後魂魄合一，就成神，佛言「變者受滅」若不變的原無生滅，肉体是變的，故肉体必死，靈魂是不變的，故靈魂不死，魂在人身能消化於腦髓中，故主知覺，魄能消化於精血中，故主運動，人死後魂魄離物質獨立，魂有知覺故聚，魄無知覺故散，　佛家以見性為主，洗發智慧，把靈魂提鍊出來，餘下的精氣凝結成物，叫作「舍利」就是力的原塵成了結晶体，道家性命雙修，見性以後，吸取力的原塵鍛鍊成形，把靈魂藏在裏邊，就叫作金丹，佛家的舍利是餘下的力凝結成的，道家的金丹，是鍉鍊的力凝結成的，佛家的舍利，離靈魂獨立。道家金丹是與靈魂合而為一。

金丹舍利，所含偶的力，從那裏來偶呢？　因為佛道兩家凝神息慮，每日喫的飯食，吸取他的精力，消匕于精血中，毫不費用，越聚越多，聽他自己凝結，就成了舍利，若加上一番煆煉，就成了金丹，若是常人，每日喫的飯食也有精力，不過是隨吸隨用，隨用隨盡，甚而至於所吸的力，不足補所用的力，如青年人房事過度，或是手淫妄想，体魄衰弱，靈魂大受影響，那能不死亡呢？

童年的人，天賦的元精，週偏全身，所以童子雖有情欲，因他的腎竅没有開，元精絕不洩出，這叫作無漏，無漏的人，修真很容易，因着他的精力彌滿全身，可省第一層功夫，有漏的人，必加一層功夫，叫做「築基」「築基」的工夫，就是鍊精化氣，這種工夫，在使人身所含的精，運到週身，不使再入腎中，與那童子一樣，元精週遍，洩無可洩、基礎一定太丹自成，這純是道家的工夫，若是佛家從斷慾入手，精雖不洩；但仍在腎中潛伏，並未運化

週身，所以很有工功的和尚，常有被妓女擾亂動心，以至喪生
的事，內家拳術，全法道家修鍊的工夫，所以有還精週身的功效，
大拳師每至還童地步，他肌膚的豐潤精神的煥發，使人非常
羨慕，諸生對此不可誤會，以為還童就能絕後，我以為絕不要
顧慮他，因為工夫毫不間斷，也得三十年，纔能還童，此三十年
前，決不躭悞你的製造國民。

形意的內容功用，第一是「還精於週身」，對於這種道理已經說過了。再說那第二就是

收放心

雅樂專修科學生 畢克恭筆記

孔夫子說過：「操則存，舍則亡；出入無時，莫知其鄉，惟心之謂歟！」照這樣看起來這心是出入無時，是很好流動的；若是用操存的工夫就能常存在身上；若不用操存的工夫，他就泛泛無羈，不能常在身上，也就沒有休息的時間了。那們身體的健康，學業的進步；豈不是很有防碍了嗎？所以孟夫子說：「學問之道無他，求其放心而已矣。」可是普通人對於放心，不知求的很多，孟夫子又嘆惜人類自己失掉了自己的心，說道：「人有雞犬放，則知求之；有放心，而不知求，」又說：「放其心而不知求，哀哉！」可見這收放心，是人生一個最緊要的問題，所以理學家的「靜坐」「淨土

宗的「念佛」神道的「祈禱」通通為的是這收放心。但是他們所假的方式很空洞，無着落，無把握；所以就不容易收效。若我們這形意中的「太極勢」「三体勢」用以魄攝魂的法子，足指，足跟，膝，胯，肛，腰，肩，肘，指，頭，牙，舌等，均是着意之點，或是有一定的姿勢，絕不空洞，有着落，有把握；使那心牽制在身上，不能放逸，所以收效很容易。並且身心雙修，無偏枯的毛病，這種法子，與那順其流而利導之的方法很相合。本來這心是好流動，很靈活的；著作西遊記的人把心比作一個猴子，是很妙的，實在不錯，你若把這猴子，硬拘在一個地方，不許他動，是很難作到；就是勉強作到了，也很戕賊他的性；惟有那街市上弄猴子的人，拿一個高桿子，桿子的頂端，繫很多玩弄的東西，使猴子去那上邊遊戲，既能施展他那靈活的技能，且能遂他那流動性；但是干變萬化，縱橫上下，總離不開這個桿子。我們以魄攝魂的法子使那心由足至頭，中間有無數着意点，也是縱橫上下總離不開這身體；所以這樣收放心，就很容易收效

這收放心的道理，我已經說完了，我再與你們說這站勢與習拳術的關係：站勢是拳術的基礎，講義中說的很明白；但站勢這種工夫，很不容易做。因為你們任學校多年，學校裏面，有一門体操，都把身子習成一個後天疏散的姿勢了。今天咱們做這站勢，是把後天的，做成一個先天的；疏散的，做成一個團結的；可是非經許多的鍛練，不能够堅固。例如我們將一塊泥，做成一個圓球，先擱在院子裏，太陽晒了，再拿到爐子裏燒了，他自然團結堅固，我們就把他任意蹴也蹴不開。假使我們不晒他，也不燒他，一足就可以把他蹴破了。我們學拳也是這個道理：

先把這站勢的工夫作好，使身体團結堅固，就是如何運動也不散不然，站勢的工夫太淺，稍一運動，團結的姿勢就散了我不是不願意往下指点你們，是恐怕那一蹴而破，很難收拾。但是學習拳術下手的初步在實際上雖是站勢，精神上却是信仰；為什麼呢？世界上古今中外無論求那一種學問，第一步離了信仰，是不能够成功的，你們看那孔夫子的門徒，天資最聰明的是顏回；次一点的是子貢；遲鈍的是曾子；所以他說『柴也愚，參也魯，師也辟，由也喭，可是孔夫子的道統，就是那魯鈍的曾子得了；為什麼曾子獨能够得呢？因為他對於孔夫子的道，能够做到信仰兩字。現在我引一段話，說明這種道理，段氏說道：

『求學之道，中庸具有兩種法門，(一)自明而誠，(二)自誠而明；自誠而明者，先始於信；信則進；進則思；思則定；定則慧；此五者自誠而至於明之次第也。何以謂之信？譬如聞一善言，雖不能了解其義，確信其說之為真；信受之人，自進於善，心之官，自然發生思索，思索既久，則任定玩味，慧性自開，開即是明。

誠而明者，固始於信，明而誠者，亦始於信；先不存信道之心，聞其說者，斷不能明其義，故孔子云；「民無信不立」

這段話說的很透徹，萬事俱由信起，何獨有於拳術呢？所以你們既知道練習拳術能够收放心；振刷精神；強健身体；增長記憶力；使當堅忍不拔，一心一意的把許多的難關打破，這全仗着信仰的堅確，才能够達到完善的結果

這個道理，有一個很好的比喻：看那種地的農人，他在春天開

地，種耔，加肥料……夏天間苗，除草，灌溉……打破種種的難關，才有秋天的收穫，我們學拳和農人種地一樣：初步站勢，改造身体的姿勢，忍耐種種的痛苦，才有「清明在躬，志氣如神」的樂趣，古人說：「先難而後獲」，若不受困難的，絕無所獲，但是不信仰的，絕不肯受困難，這是一定的道理，

棍術講義

九洲棍

九洲棍者形意棍術中之一種也但形意之器械以徒手為母其姿勢步法均以拳術為基準故五綱十二目均係單勢惟九洲棍能該綱目之全功體用兼備內外一致實集棍術之大成且其結構精嚴脉絡清楚起承轉合之處亦均精妙絕倫夫術之精於內者必樸於外長於體者必短於用確實靈巧勢難並致此事理之常也乃此棍精內華外不惟體用兼該而且確實靈巧所謂武術之上乘者惟此棍為然

第一節　路線

九洲棍之路線頗複雜且往返重疊標示困難茲為明瞭起見分全線為五段蓋五段皆相接連中間並無停止若將五段重疊即全形之路線也

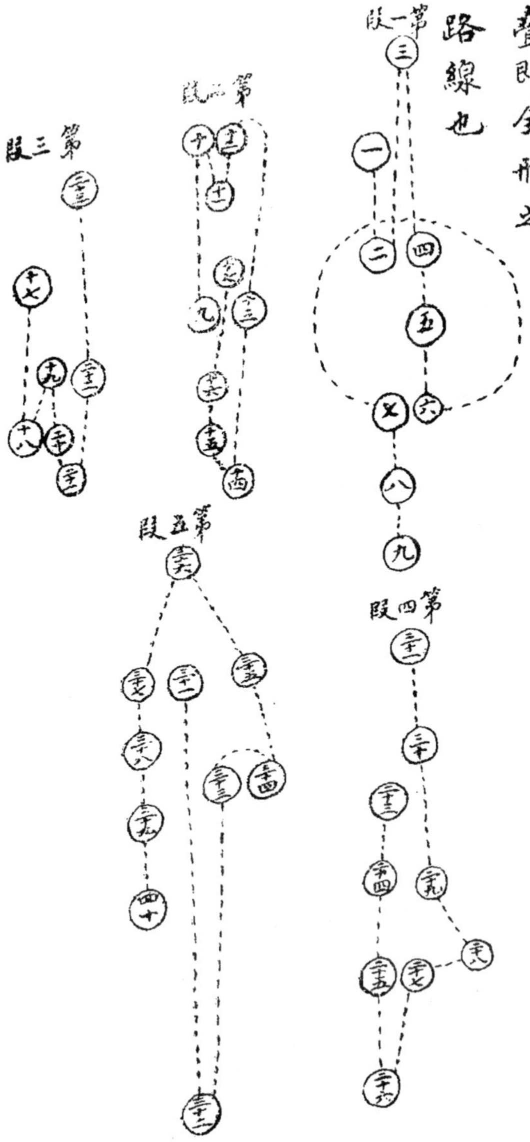

第二節　動作

一、起勢

面對路線右手持棍之一端使他一端觸地棍身直立而右臂外扭須與肩平手背向左虎口向下此時左足在前兩足離開左手附於右腕

（1）

二用棍勢

先用右足踢棍使貼身之右側畫一大圓右手手心向上肘下垂將棍持平齊肩同時右足仍落原地左足不動左手變拳置於左胯

（2）

三劈棍

由用棍勢先進左足後進右足復進左足成弓步同時右腕外翻掛棍從後向上畫圓左手接棍與右手一齊用力劈下左手在前右手在腹棍梢微昂

(3)

四回身鑽裹勢

以兩腳根爲軸從右向後轉兩腿低屈如三體勢同時右手用棍上鑽手心向下肘下垂左手心向左上握棍貼於左胯右手活把棍身傾斜棍稍昂起高與眼齊

（4）

五、撥棍

向後撤身提起右足同時左手上移右手緊握將棍向右下撥之須貼着右膝

（5）

六、鋪地棍

右手向左上移左手活把使棍下落復貼身從後向前畫圓而下擊之同時右足前落左足連進右足復向左前進步兩腿成剪子股式身體向右轉極低小棍身水平幾貼地故名

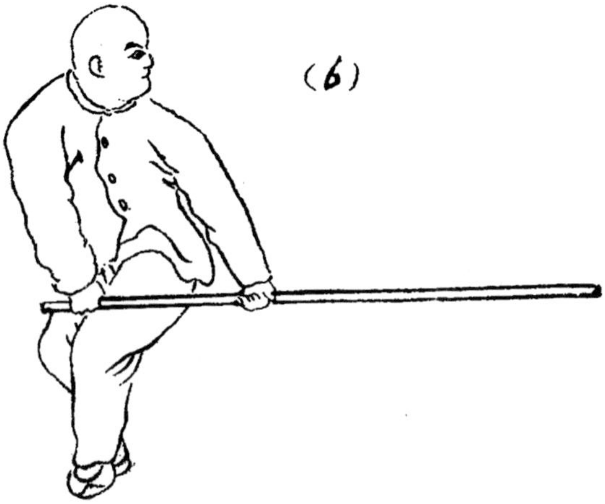

（6）

七、截棍

提起左足身仍轉對路線同時右手由右上移左手活把用棍下截

(7)

八、膨棍

由截棍左足前落成弓步左手活把两手齐向前推使棍膨出

(8)

九、護腿棍

右手下移左手活把貼身右側從上向後畫圓及棍至右腿時右腳隨棍前進一步

(9)

十、托棍

復將棍撩向上貼身左側（10）仍從上向後畫圓及棍到左腿時左腳隨棍提起此時左手變拳在左膝上棍純於腕右手向上提棍與肩齊棍身付斜

十一、雙手劈頭

由掛棍先落左足從左環走一周則進右足成弓步同時右手提棍一端向前劈下左手變掌護額

（11）

十二、掛棍

急以左手握棍向左上力掛同時左足提起離地兩膝靠緊

(12)

十三、擊棍

再落左足，兩腿姿勢類三體勢，同時兩手握棍前擊

（13）

十四、回身包裹

以兩足根爲軸從右向後轉右手握棍從胸前裹出左手活把握棍在胯

(14)

十五、劈棍

右腿提起即落左手活把使棍從上向前劈隨即再進左足成弓步同時以棍貼身右側向後鈎掛復轉上前劈（圖與三同）

十六、背棍

左手活把以棍梢從下轉上右手反背使棍身貼右臂直立於背後同時收回左足離地兩膝靠緊左手變拳內向齊眉肘下垂（如熊形）身體轉向右

（16）

十七疊棍

身體轉對路線左足橫落同時右手從腹際向左工移左手反掌自左腋下接棍然後進右足兩腿低屈同時右手翻下左手翻工使棍貼身左側前劈

（17）

十八 反背棍

以右足為軸左足繞右腿向右後落兩腿低屈同時左手下移使棍鈎掛反劈之身體轉後扭（十七、十八兩動務必連成一氣）

（18）

十九、轉身鈎打

順身體方向進右足棍上移左手活把連進左足以棍隨之然後身體從右向後轉右足後撤時棍向前倒隨即提起左足左手活把使棍貼身右側鈎掛前劈同時左足落地成弓步（圖與三同）

二十、獨立劈棍

再作回身包裹（同十四動）然後提左足連進數步之後左足着地棍隨之從右轉身右足後撤時使棍前倒隨即提起左足同時左手活把使棍貼身右側鉤掛前劈

(20)

二十一、裹棍

左足落地两腿弯屈同时右把向外裹功身體微向前探

(21)

二十二、拗步膨棍

復進右足橫落成剪子股式同時右把翻上左把翻下向前膨出

（22）

二十三、掛棍

右把下移左把上移使棍回掛同時提起左足兩膝緊靠

(23)

二十四、擊棍

同十三動

二十五、回身包裹

同十四動

(24)

二十六、劈棍

同十五動

(26)

二十七、背棍

同十六動

（27）

二十八、順步劈棍

同十七動惟兩足距離稍遠勢較高

二十九、轉身劈棍

以兩足根爲軸從左向後轉同時兩手握棍隨身反劈激把變爲順把（圖與二十四同）

(28)

三十、攪棍

以右足為軸左足從右旋回同時兩手握棍亦從右後旋回及左足將落地時棍自右向上攪成圓形隨左足而止

(30)

三十一、搖棍

左足復從左旋回棍隨之左足着地兩手握棍自左向上攪成圓形同時右足進成弓步隨棍而止左手在上右手在下成斜把

（31）

三十二、劈棍

左手活把使棍向後鈎掛前劈同時進左足成弓步

三十三、回身包裹

同四動

三十四、撩棍

進右足兩腿彎屈同時

右手翻下左手翻上手

心向上使棍上撩

(34)

三十五、鑽棍

再進右足兩腿仍灣屈同時左手從左上翻下右手順勢上移彼棍上撩有鑽裹之勢（圖與四同）

三十六、劈棍

同十五動

三十七、回身色裹

同四動

三十八、劈棍

同十五動

三十九、撥草棍

右足向右前斜進左手活把使棍從左上向右下旋回隨右足停止與右足同方向如撥草狀

(39)

四十、截棍

左手活把用棍向左下截同時右手移上左足提起両膝靠緊

(40)

四十一、彪棍

左足前落成弓步左手活把两手齊向右前推之使棍遠出

(41)

四十二、劈棍

先以左手活把上移右手反下使棍向左前裹出再進兩步同時左手活把以棍鈎掛前劈（圖與十五同）

四十三、撐棍

兩手握棍貼左腿撐出同時右足提起

(43)

四十四、背棍

右足後落時身體轉向右左手活把在上右手在下使棍向後平打復後進左足身轉向後棍即鈎掛然後右足仍後進身體仍轉向右左手送棍至腋變拳上舉右手反持棍之一端使棍貼右臂直立於背後此三步三棍務須連成一氣用活把握棍中央兩端貼身輪打如旋風然方臻妙境(圖與十六同)

四十五、一步三棍

左足着地後連踏一步（雞登步）再進右足成弓步同時反把摟棍使棍貼身右側摟出复上撩轉從後下向前畫圓再撩向上平落身之左側右手前挽齊眉左手附於右腕學者既知其法動作要快使三棍一氣連貫毫無間斷

(45)

四十六疊棍

同十七動但左足不動右足須微向後移

四十七、反背棍

同十八動

四十八、翻身雙手撐棍

以左足爲軸從右翻身同時右足向右後斜移右手握棍一端由背上經過向前上撐左手上指

(48)

四十九、劈棍

由上勢退右足成弓步同時右把掛棍左手接棍下劈（圖與十五同）

五十、鑽棍

由劈棍左手變陰把虎口向內進右足右把由下翻前左把由上翻後手足齊落右肘下垂右手約與肩齊左把推棍鑽出高與眉平

（50）

五十一、撤身鑽棍

右腿後撤同時右把後移左手前出活把以右把前推將棍鑽出

五十及五十一兩動務必迅速棍出即回如蛇之吐信然

(51)

五十二 翻身棍

隨即以兩足為軸從右翻身同時以棍纏頭背於身右然後急進左足更同時以棍纏頭置於左膀間

（52）

五十三、蓋棍

進右足橫落成拗步
同時左把用棍蓋下
棍梢離地少許

（53）

五十四、膨棍

進左足左手活把兩手一齊用力前推使棍遠出

五十五、翻身獨立棍

同二十動但不作包裹直從右轉身

(54)